인디언 썸머

인디언 썸머

허원영 시집

세종출판사

작가의 말

인생에서 진심은
때론 늦게 도착합니다.
마치 인디언 썸머처럼,
여름이 다 끝난 줄 알았을 때
느닷없이 다정한 햇살로 찾아옵니다.

한발 늦은 걸음일지도 모르겠지만
"이제야 제자리로 돌아온 마음"입니다.

다시 돌아올 수 없는 계절,
말하지 못한 마음,
끝까지 품어온 이름들.
이 시집은
꿈에 대한 회복이자,
삶에 대한 작고 단단한 선언입니다.

햇살은
언제든 다시 들 수 있습니다.

"지금" 이라고 말하는 순간,
길을 열어줄 것입니다.
詩가 그랬던 것처럼…

2025년 여름
당신의 인디언 썸머 곁에서
허원영

차례

작가의 말 • 4

제1부 시 • 품고 있는 이름들

할머니	13
어머니	14
덕길이	16
태왁	17
동티	18
무너지는 집	20
아들	22
엄마는 처음이라	24
정년	26
아부지의 막걸리	28
퇴사	29
쉼, 그 시간 속으로	30
바다의 문	32
아기 꽃	33

제2부 시 • 한 번 더 햇살 드는 계절

인디언 썸머	37
치자꽃 피는 밤	38
대나무숲 속 너에게	39
쉼의 의미	40
느린 꽃	42
소임所任	43
퇴근길	44
사랑 그 진저리 쳐지는 이름	45
빨래	46
교차점	47
명상	48
도화	49
쉰 살을 넘기고도	50
옥포의 불빛, 다시 피어나라	52
옥상 텃밭	54
열다섯 그루의 여름	55
같은 방, 다른 거리	56
극 F와 극 T의 결혼생활	58
참는다는 건	59
고현천 숭어가 뛰노는 밤	60
사백어	61
문동폭포 그믐밤	62

제3부 시조 • 칠천도 연가

단풍비	67
빈 들녘	68
풍란	69
치자꽃	70
호박 지짐	71
혼돈의 카오스	72
숭어	74
로드킬	75
서생원	76
고양이	77
거짓말	78
하루	79
복수초	80
월하노인	81
한라 수선화	82
상사바위 전설	83
갯버들	84
고양이 우는 사연	85
밤의 소리	86
초록 향연	87
밤의 소리	88
봄비	89

아버지 산소	90
실전리 치자꽃밭	92
한라수선화	94
검은고양이 네로	95
자목련화	96
어둑시니	97
여우구슬	98
약밥	99
단양주	100
결의	101
조개 캐는 날	102
배꽃 지는 밤	104
유년	105
가을 女心	106
산다는 것은	107
고목과 아버지	108
지심도의 봄	109
비파주	110
가을은	111
칠천도의 봄	112
겨울에는	114

제 1 부

시

품고 있는 이름들

할머니

문풍지 푸릉푸릉 하얗게 떨리던 밤
뒤란에서 꺼내 온 살얼음 낀 동치미
존득한 새알 팥죽 한 그릇에 배가 부르고
잉걸불 질화로엔 고구마가 익었다

밤이면 큰댁 내별당에
올망졸망 모여들던 앞,뒷집 사촌들
할머니의 호랑이 담배 먹던 시절 이야기는
다시 들어도 재미난 옛이야기
덤으로 받은 장롱 속 반시 말랭이는 최고의 별미

앵 산 골짝으로 유성별 떨어지고
들개 울음소리 달빛타고 새김문 넘어올 때
'할미손은 약손 없히지나 말아라'
마른 손으로 쓰윽쓱 배 만지며 불러주시던 노래

샛별 둘러업고 새벽달 돌아갈 때쯤
할머니 품에도 작은 별 하나 잠이 들었다.

어머니

몸빼바지에 알록달록 촌스런 티셔츠만 입던 내 어머니
어수룩한 어머니가 못마땅해서
'엄마처럼 살지 않을 테야' 못된 심보 품었습니다
지극한 정성담은 새벽밥 먹고 따신 양은도시락
얌체처럼 챙기지만
샐쭉하니 아침인사도 없이 학교로 갑니다
고약한 딸년 아침부터 마음 상할까봐
꾹꾹 눌러 참은 줄도 모르고
엄마는 원래 그렇다고 그래야 한다고 생각했습니다
한번도 단 한번도 '너 이렇다'하고 서운한 말
안하셨습니다

세월이 사람 만드나 봅니다.
생각지도 못했던 철없었던 과거사가 하나씩 떠오릅니다
내 어머니 가슴에 대 못 많이도 박았구나
자식 키우면서 아들놈이 지난날 내 잘못을 깨닫게 합니다

여든을 바라보시는 어머니
안부가 늘 이곳저곳 아프다 하시니 그러려니
흘려들었습니다

보약한재 약간의 용채로 자식 노릇 다한 양 그리
지내왔습니다
뵐 때마다 왜소해지고 여려지는 어머니
한동안 안부 뜸해지면 '갓김치 담아놓을까' 하시는 어머니
죄송하다고 감사하다고 그저 한마디면 족할 것을
고약한 딸년은 맘에 없는 서운한 말 하고 끊어버립니다

삶에 지칠 땐
어머니가 담은 갓김치가 정말 먹고 싶습니다.

덕길이

덕길이는 아이들이 놀려도 웃고 다녔다.
열두 살 소녀도 덕길이가 싫어서
덕길이 책상 피해 화장실 다녀오곤 했었지

피할수록 마주치는 덕길이
냅다 소녀를 둘쳐업어 놀래키던 덕길이

덕길이랑 짝이 되어서
정화수 떠 놓고 달님께 빌었지
'덕길이 전학을 가게 해주세요.'
거짓말처럼 이사 가게 되었데
안도하던 소녀와 달리 덕길이 눈빛은 슬퍼 보여서

삼십여 년 지난 오늘 휘영청 밝은 보름밤에
뜬금없이 덕길이가 생각난다
덕길이 장가갔겠지.

태왁

검푸른 바다 위에 떠 있는
붉은 점 하나
서방 없인 살아도 태왁 없이 살수
없는
해녀의 삶

깊은 숨
꾹 눌러 삼키고
물속 어둠 밀고 간다
목숨줄 하나 물 위에 띄워 놓고

동티

백 년을 뿌리내린 은행나무
마을 복판에 우두커니 서 있다

할아버지의 할아버지
아버지의 아버지
아들 손주까지 지나던 길

동티 한 번 안 내던 나무
노랗던 잎 다 떨구고
올겨울엔 입술이 마른다

보랏빛 멍든 달이 뜨는 밤
가지 끝마다
삐걱대며 앓는 소리

나무는 알지
마을이 잊고 있는
작은 기도들
묵은 약속들
돌아오지 않는 사람들의 이름까지

바람이 지나며 흘린 이야기
'은행나무 옆 우물을 막은 게
언제였더라'
잎이 마르며 부서지는 소리
눈을 감고 듣는다
어쩌면
우리의 안부 같다

무너지는 집

엄마는 집이었다

나는 그 집에서 태어나
구석구석 울며 웃으며 자랐다

벽지는 엄마의 눈가처럼 주름졌고
문은 삐걱거리기 시작했다

언제부턴가
그 집을 벗어나고 싶었다

숨이 막히는 부엌 냄새와
드리워진 그늘이 미치도록 싫었다

언제부턴가
그 집이 무너지고 있었다

기억이라는 벽돌 하나
기둥에 새긴 이름들이 사라지고 있었다

액자 속 얼굴이 희미해지고
곰팡이가 스멀스멀 올라온다

무너지는 그 집에 앉아
엄마를 바라본다

때론 두렵고, 원망도 했지만
나는 여전히 그 집을 사랑한다

머잖아 집은 쓰러지고
나를 기억하지 못하겠지만

나는 여전히 그 집 안에 있을 것이다.

아들

처음엔
손안에 쏙 들어오는 작은 주먹이었다
울음으로 하루를 채우던 숱한 나날들

어느새
질풍노도의 사춘기
문을 쾅 닫고 말은 벽처럼 돌아왔다

그때 알았지
아들은 홀로서기를 하고 있다는 걸

어느 날
정장 차림으로 면접을 보러 간다고 했다
내가 더 떨려 밥숟갈도 못 들었지만
아들은 몇 번의 쓴맛 후에
늠름한 직장인이 되었다

결혼식 날
아들 어깨에 걸친 멋진 턱시도와
듬직한 성인이 되어 서 있는 모습은
참 묘하게 눈부셨다

그리고
손에 쥔 작은 주먹 하나
아들이 아빠가 되었다

아들은 말한다
"애 키우는 게 쉽지 않네요"
그 말에 나는 그만 피식 웃었다

엄마는 처음이라

처음이라서 그래
서툴고 조급하고 재촉했어
늦는 게
그저 너의 속도인 줄도 모르고
걱정부터 앞섰어
괜찮다고 말해줄 수 있었는데
그땐 왜
말보다 한숨이 먼저 나왔을까

그건
너 때문이 아니라
내 두려움과 불안이 만든 벽이었어
엄격함으로 포장한 사랑이
너에겐 상처가 된 줄도 몰랐어

이제와서
네 눈을 바라보면
얼마나 많은 참아냄과 기다림이 있었는지 보여

뒤늦은 내 목소리가
세월의 바람을 타고
너의 마음에
잔잔히 닿길 바래.

정년

서녘 하늘 붉게 물들면
당신의 하루도 조용히 접히지요

서른다섯 해
아침마다 이른 바람을 타고 묵묵히 떠난 그 길

흔들리는 세월의 파도 속에서
한 자리를 묵묵히 지켜온 사람
그 이름이 오늘은 참 특별합니다

바람처럼 거센 변화 앞에
세상은 늘 새 옷을 갈아입었지만
당신은 묵은 나무처럼
그 자리에서 뿌리를 내렸지요

참으로 긴 항해였습니다
비바람 몰아친 날에도
말없이 돛을 올리고
파도처럼 밀려오는 책임을
등으로 가슴으로 받아냈지요

가끔은 지쳐
마음 깊은 곳이 젖었을 텐데도

가정이라는 항구를 지키기 위해
흔들리지 않았고

손에 쥔 것은 명예도 부유함도 아니지만
더없이 단단한 이름
아버지 남편 그리고 당신입니다

긴 항해는 끝났지만
당신 앞에는 또 새로운 길이 펼쳐질거예요

이제는 파도보다 느린 걸음으로
바람보다 따뜻한 숨으로
여유롭게 당신만의 계절을 누리길 바랍니다
수고하셨습니다
사랑합니다.

아부지의 막걸리

어스름 내리는 앞산 그늘
개다리 양은 소반 위에
막걸리 한 사발

땀내 절은 난닝구
기름때 절은 손으로
들이키는 씁쓸함 한잔

'인생이 다 그런 거지'
말없이 세월을 삼키던 그 모습

몰랐지
그 잔에 담긴 막걸리가
가족을 지켜낸 나날들이란 걸

오월 스무날
조심스레 따라보는
막걸리 한 사발

사진 속에서
빙그레 웃고 계신
아부지

퇴사

휴대폰이 조용하다
알람도 회의도 급한 메시지도 없다
무음이 이렇게 큰 소리일 줄 몰랐다
시간이 넘친다
바쁠 땐 그렇게도 원했는데
막상 손에 쥐어지니
어디에 써야 할지 몰라 두리번거린다
익숙했던 피로가 사라지고 낯선 여백이 찾아왔다
계획 없는 오후 말 없는 하루
조금은 외롭고 조금은 편안하다
그 둘이 뒤섞인 마음을 무어라 부를지 몰라
그저 가만히 앉아 창밖을 본다
달리던 날들 속에
잃어버린 나를 찾는 일
의외로 치열한 싸움이다
고요함 속에서 배운다
속도를 늦춘다고 멈추는 건 아니라는 걸
조용해졌다고 사라진 것도 아니라는 걸.

쉼, 그 시간 속으로

팔자 사나워진다 허공에 눈 풀지 마라
서릿발 같은 일침

그땐 몰랐어
눈길이 쉼을 찾아 멈추었다는 것을

바람 따라 구름 가듯
눈길도 잠시 눕고 싶었던 거지

어린 것이
넋 놓고 먼 산 보는 것이
염려스러웠던 할머니

하지만
멍하니 머무는 순간
시간도 소음도 모두 멈춘 공간 속에서

세상의 칼날은 무뎌지고
생채기 난 옹이는 더욱 여물어지고 단단해졌지

등지고 앉아
먼 산 보는 아이가 마냥 걱정스러웠을 할머니

이제는 안다
꾸중 속에 사랑이 묻어 있었음을
시선 끝을 잡아 지금에 붙들어 주셨음을.

바다의 문

숨이 멈춘 자리 비로소 눈을 뜨고
심연의 문을 바라본다

칠천도 바다 속
새로운 빛의 통로가 열리고

흔들리는 해초와 수중 돌무덤
모래는 오래된 비밀의 맥박을 두드린다

물결은 시간의 묵은 때를 벗기고
깊음은 경계를 허문다

삶은 수평선 위에 머물지 않고
숨을 멈추고 눈을 뜨는 순간

바다는 두 개의 문을 열어준다
그 어디도 다르지 않음을.

아기 꽃

세상에 없던 꽃이
달콤하고 부드럽고 따뜻하고

굳었던 얼굴에 웃음을 주고
적적한 집안에 활기를 주고
먹먹한 가슴에 온기를 주는

어디서 왔을꼬

디디는 자죽 자죽
어여쁜 꽃이 되고
앉은 자리 자리마다
따사로운 볕 머물러
몽실몽실 피어나는 꽃

아기 꽃

제2부

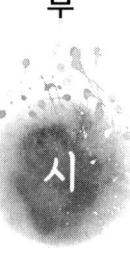

시

한 번 더 햇살 드는 계절

인디언 썸머

낙엽도 다 지고 마음도 얼어붙어
가을이 다 지난 줄 알았다

어느 날
햇살이 다시 등을 토닥인다
계절도 숨겨둔 마음이 있었던 걸까

기적처럼
내 인생에 펼쳐진 인디언 썸머
한 번 더 햇살이 드는 계절

봄은 젊음에만 오는 것도 아니고
사랑은 첫사랑만이 아니며
시작은 끝에서 다시 잉태한다는 것을

삶이 흘러가듯
한 번 더 햇살이 드는 계절

다시 살아봐야지
다시 웃어봐야지
다시 꿈꿔 봐야겠다.

치자꽃 피는 밤

실전마을 소류지 물가 따라
치자꽃 하얗게 피는 밤

고요한 숨결 위로
개구리울음 와글와글

달빛은 지붕을 타고
담벼락을 쓰다듬는다

치자꽃 첫 향기는
영원히 지워지지않는다

첫사랑의 슬픔도
그 향에 다 묻혀버린다 했지

달빛은 말이 없고
숨죽인 마을은 치자꽃 향기에 잠긴다.

대나무숲 속 너에게

고요한 숲을 향해
조용히 입을 연다

'사실 임금님 귀는 당나귀 귀야'
이 말을 너무 하고 싶었어

세상은 가끔 숨이 막혀
예쁜 말 옳은 말만 해야 하니까
울고 싶어도 예쁘게 울어야 하니까

그때마다 비밀의 대나무 숲으로 갔지
말꼬리가 서툴러도 괜찮았고
침묵에도 무게를 두지 않았지

넌 그냥 들어줬어
내가 나로 있을 수 있도록

숨겨둔 나를 꺼내 놓을 수 있는 곳
비밀이 비밀로 끝나도 괜찮은
대나무숲 속 유일한 너에게.

쉼의 의미

한숨 쉬어 간다는 거
꼭 늦는 것만은 아니야

남들보다 천천히 가는 것도
뒤처지는 게 아니라는 걸
이제는 알아

길을 멈추고
잠시 하늘을 바라보는 것
가슴 깊이 숨을 들이쉬는 것

그건 쉼이자
다시 나아갈 힘이거든

세상은 자꾸 재촉하지만
삶은 조용히 말하지
괜찮아 조금 쉬어도 돼
늦는 건 두려운 게 아니야

한숨 돌릴 줄 아는 것
그거야 말로
진짜로 사는 일 아닐까

느린 꽃

산다는 건
조금 늦게 피는 꽃 같아

누군가는 봄을 노래하고
누군가는 열매를 맺는다 해도
나는 아직 머물러 있는 중이야

조금 늦으면 어때
오후의 햇살은
나를 기다려주고

한숨 돌리는 건
숨의 결을 고르는 중인 거지

숨 고르고 나면
언젠가 나도
내 계절에
천천히
아름답게 피겠지.

소임所任

보이지 않는다고 소멸하는 것은 아니다.
전생에 주어진 소임 있어 인연 다한 껍질 벗고
새 옷을 입었건만
우매한 나는 망각의 강을 건너면서 그 소임을
잊어버렸다

데자뷰처럼 순간순간 나타나는 전생의 기억 조각들
안타까운 어미의 마음으로 바람은 애절하게 흔든다
깨어나라 깨어나라

인생의 가을 문턱에서 겨우 잃어버린
무엇이 있었다는 것을 깨달았다

그 무엇은
또 무엇이었을까
공空으로 보낸 이번 생 얼마나 퇴보할 것인가.

퇴근길

설익은 개똥철학을 이야기하고
아픈 사랑에 관해 이야기하고
사회적 이슈에 관해 이야기하고
끊임없이 주고받는 술잔들

뎅뎅뎅 자정이다

외투 챙겨입고
옆구리 깊숙이 가방을 찔러 넣는다
어둡고 매서운 바람 부는 골목길 지나 집으로 향하는 길
피곤한 육신이 잠시 쉬어야 할 시간.

사랑 그 진저리 쳐지는 이름

사랑 그 진저리 쳐지는 이름
이제 너에게 영원한 이별을 통보한다

봄 밤 벚꽃 날리는 가로등 아래서
세레나데 들려주던 너를 만났고
여름밤의 전쟁 같은 열정도 함께 했었다

영원한 사랑은 존재하지 않는 걸까
이별은 가을 속에 스며있던 겨울처럼
氷刀로 내 심장을 찌른다

이별에도 예절은 있는 법
시작은 네가 하였지만 마무리는 내가 하련다

하루 이틀, 봄 여름 가을
겨울만 계속되는 나의 오두막에

똑똑똑
누구신가요 문밖의 그대는.

빨래

이별 많은 세상에
한 사연 더 보탠들 표시나랴 마는
접으련다 내 사연은

사랑은 마법의 밤바다
아침이면 사라질 언어유희 범람하는 곳

밤하늘 네귀퉁이 잘라내어
이불처럼 덮어쓰면
연인들의 공간 펼쳐지지만
햇살닿아 사라지는 새벽이슬처럼 허망한 신기루

밟고 헹구고 또 헹구고
덮었던 이불을 세탁한다
바싹 말려 구운김 자르듯 접은 이불
꺼내 볼 일 없는 창고 속 깊이 밀어넣는다
오늘 할 일은 여기까지.

교차점

삶의 어느 순간에서 만나게 될 너를 위하여
매순간 준비를 한다
멀리서 빛에 싸여 다가오는 너
입이 마른다

운명의 시간
소리도 공기도 멈추어버린 공간
그. 러. 나
찰라의 교차점을 찍고 무심히 가는 너
잡을것인가

범접할 수 없는 빛으로 싸인 너를
내려놓는다
억겁의 시간이 흘러
다시 교차할 그 순간을 기다리며.

명상

가부좌 틀고 앉아 마음을 바라봅니다
끊임없이 이어지는 번뇌망상들
집중할수록 뛰노는 사념잡기를 내려놓고
그저 바라봅니다

시간은 흘러 인시
어느새 따스하고 온유한 빛이 단전을 타고 올라
두 눈과 머리를 맑고 가볍게 합니다
움켜잡은 한 올 빛줄기가 참으로 행복한 새벽입니다

때가 되면 이 빛 한줄기도 내려놓아야겠지요

도화

겨우내 고이 키운 분재도화
연분홍 여린 향기 내뿜으니
멀리에 계신님이 더욱 애틋합니다

오작교 이어지는 날 오신다는 님의 언약
시절 지난 도화가 여전할지
내사 모르겠습니다

밤꽃향 어지러운 계절 돌아오면
떠난 님 얼굴도 아득하여

님아. 부디 날듯이 한걸음에 오십시오.

쉰 살을 넘기고도

쉰 살을 넘겼다
이쯤이면 뭔가는 알 줄 알았다
사람도 일도 나 자신에 대해서도
그런데 아직도 낯설다
사람은 여전히 어렵고
서툰 마음은 말끝마다 부서진다
하나쯤은 제대로 해냈기를 바랐는데
돌아보면
무수히 버려진 계획들과 무너진 시도들

도대체 이룬 건 뭘까
가끔은 조용히 사라지고 싶다
이 세상에서 나 하나쯤 없어져도
달라질 거 없을 것 같은데

그런 날에도
햇살은 창문을 두드리고
꽃들은 잘도 자란다

'잘 버텨 왔잖아'
쭈굴해진 나에게 말해줘야겠다
사실
네가 걸어온 모든 날들이
결코 가벼운 길만은 아니었다고.

옥포의 불빛, 다시 피어나라

거제도 옥포 앞 바다
물안개 속 혼돈의 파도가 출렁인다
한 줄기 바람 타고 불꽃같이 깨어나는 이름
성웅 이순신
옥포 앞 바다에 새긴 칼끝
조국은 흔들려도 그대는 꺾이지 않았고
불씨처럼 남은 정신
이 땅의 물줄기를 다시 깨운다

기억하라
'신에게는 아직 열두 척의 배가 있나이다'
그 말은 백성의 눈물이자 절체절명의 마음
지금 우리는 무엇을 지키고 있는가
풍전등화 같은 진실 앞에 눈을 감고 있지는 않은가

옥포 앞 바다에 다시금 북소리 울리고
우리가 타야 할 전함은 무엇인가
바다는 답하지 않지만
옥포 바다 일출은 장엄하게 일렁인다

망각하지 말라
정신은 칼보다 길게 남는다.

옥상 텃밭

옥상 빨래줄 옆 작은 화분 몇 개
바람 타고 올라온 흙냄새

화창한 햇살 아래
쑥갓 고추 상추 몇 잎
대단한 건 아니지만
오늘도
새 잎 하나 쑤욱 올라왔다

매일 보면서도 놀란다
겉잎 따고 대 세우고
손에 흙이 묻는 동안
머릿속이 맑아진다

연한 잎 하나 밥 위에 올리면
내 하루도 푸릇푸릇 하다

바쁠 땐 몰랐던 것들
느리게 살 때 비로소 보이는
초록의 속도
옥상 한편에서 퍼지는 흙냄새
소소한 내 삶의 호사다.

열다섯 그루의 여름

옥상 끝자락 푸른 화분 열다섯 개
봄이면 잎이 나고
여름이면 손톱만 한 보랏빛이 맺힌다
햇살을 담은 작은 구슬
매일 몇 알씩 조심스레 익어 간다
내 몫인 줄 알았는데 까치가 먼저 온다
한발 늦은 까마귀도 머쓱하게 울다 간다
'한 알쯤은 괜찮아'
나도 한 알 너도 한 알
묵시적 합의 하에 나누는 열매
여유로운 날엔 바람과 새들과
블루베리 먹는 일로 하루를 보낸다
열다섯 그루가 말없이 가르쳐 준다
욕심 없이
먼저 익은 것부터 내주며 사는 법
매년 여름 옥상 한 귀퉁이에서
나는 나누는 법을 배운다.

같은 방, 다른 거리

같은 집
같은 방
같은 식탁에 앉아도
때론 너무 멀다 느껴질 때가 있다

옆에 있는데도 외롭다
말을 꺼내려다 접는다
묻지도 듣지도 않는다
그저 숨소리만 섞일 뿐

사랑이란
서로 마주 보는 걸까
같은 곳을 바라보는 걸까
아니면 침묵 속에서
같이 버텨내는 일일까

다 안을 순 없어도
가끔은 말없이 등 한번 '툭'
두드려 주는 것만으로도

충분할 때가 있다는 걸
그 손길 한 번에
숨을 고르고
나는 그 곁이 된다.

극 F와 극 T의 결혼생활

남편은 드라마를 보다가 운다
'훌쩍훌쩍'
나는 옆에서 양파 껍질을 까며
'또 울어'

그는 감성적이다
말 한마디에도 젖고
노을에도 뭉클하고
뉴스에도 가슴을 친다

그가 말한다
'30여 년 전 당신이 처음 울던 날을 기억해'
내가 대답한다
'그날 당신이 울었잖아, 나는 그냥 하품했거든'

그럼에도,
남편이 양파무침에 눈물을 흘릴 때
나는 얼른 소금을 덜어낸다

그렇게 맞춰가는 중이다.

참는다는 건

가끔은
웃고 있는 얼굴 안에 화가 꾹꾹 눌려 앉아있다
괜찮아서라기보다는 내보일 틈이 없어서다
속상해도 마음속 모퉁이에 눌러둔 날이 많다
인간관계가 어렵다는 걸
몸이 먼저 아는 날은
천길 낭떠러지를 걷는 느낌이다
그럼에도 눌러 내려놓는 건
살아내야 하니까
언젠간
굳은살처럼 단단하고 옹이 진 마음이
구슬처럼 영롱하게 빛날테니까.

고현천 숭어가 뛰노는 밤

밀물 들이치는 고현천
물 반 고기 반
숭어가 출렁대는 밤
주방 창 너머
뻐끔뻐끔 가쁜 숨을
토해내는 숭어 떼

아파트 벽을 타고
파동처럼 번지는 물비늘 소리

물속의 별을 좇아
저마다 펄떡이며 솟아오르는 밤
숭어가 뛰노는 밤.

사백어

사백어 안 먹고는 일 년을 못 난다는 말
절로 고개가 끄덕여진다

담백한 맛
계란국에 설렁설렁 뜬 사백어 몇 마리
뭐 그리 대수냐고 처음엔 웃었지만

지금은 안다
사백어 몇 마리
아린 속을 국물처럼 덥히는 계절이 있다는 걸
무 하나 쑴벙쑴벙 썰어 넣고
김 모락모락 피워내면
그리운 건
입맛이 아니라 추억이다
때가 되면 그리운 단촐한 그 맛
허전한 저녁에 위안이 되는 온기.

문동폭포 그믐밤

동지섣달 그믐밤
문동폭포 물소리 고요한 어둠을 적시고
깊은 산허리엔
달빛 대신 별들이 내려와 앉았지

스르륵 바람을 걷고
세 선녀가 발끝으로 내딛는 쨍한 겨울 폭포수
차디찬 계곡에
숨결처럼 피어오르던 연무

'올해 액운 다 씻자'
'큭큭' 숨죽인 웃음소리 별빛 속에 묻어놓고
한사코 말리는 남편들 모르게
보자기 속 살결을 겹겹이 풀어내었지

그땐 인가도 드물어 사방천지 암흑인데
용감한 동네 아낙들의
전설처럼 전해오는 치기 어린 추억담

아득했던 그 시절 밤이 떠오른다
그 누가 알까
꽁꽁언 폭포물에 몸 담그던 그 타는 속을.

제3부

시조

칠천도 연가

단풍비

비 개인 가을아침 가볍게 오른 산길
어허랏
내린 빗물 오데로 사라지고
선홍색 붉은 물빛만 골짝타고
졸
졸
졸

빈 들녘

황금빛 남실대는 실전리 구부렁 논
남해안 태풍소식 온 가족 달려들어
불밝혀 콤바인 작업 말끔해진 빈들녘

풍란

갈곶리 사자바위 붉은 놀 내려앉고
해무 속 신선인가 늠름히 촉을 틔워
해금강
거친 벼랑끝
홀로 선 풍난청마

치자꽃

유성별 쏟아지는 실전리 열매마을
쪽빛하늘 한귀퉁 보름달 걸렸는데
달콤한 치자꽃향기 바람따라 퍼지네

밤안개 피어나는 둑방길 언저리
가로등 불빛아래 뽀얗게 잠든 치자
풀벌레 스치는 소리 잠깨어 향풍긴다

밤바람 사릉사릉 이파리 쓰다듬고
피곤한 반딧불이 꽃잎에 내려앉아
지친몸 하얀꽃잎에 기대어 잠드는 밤

호박 지짐

비바람 사나운 날
두문불출 아랫목에
이리 눕고 돌아눕고
등 지짐을 부치다가

늦가을
들여다 놓은
늙은 호박 싹싹 긁어.

펀펀한 솥뚜껑에
지글지글 호박 지짐
남은 호박 푹 끓여서
노글노글 단호박죽

한 그릇
넉넉히 떠서
고운 님 드리옵고.

혼돈의 카오스

인시가 다 되도록
몰아치는 광풍은

경자년 햇 봄을
어떻게 하시려고

이리도
생채기내며
구석구석 누비는지.

동장군 포효하던
기상은 사라지고

며칠째 쏟아붓는
뜨듯한 겨울비

희뿌연
미세먼지는
알 수 없는 미래런가.

잠 못 들고 홀로 깨어
멀리서 다가오는

운명의 소용돌이
피할지 마주할지

미망의
혼돈 앞에서
담담한 아침이다.

숭어

고현천 다리아래
숭어떼 솟구치고
물가에 봄 미나리
통통하게 살 오르면

재 너머
고운 벗님께
술 익었다 기별 넣고.

깊어가는 산골의 밤
권커니 잣거니
첫 닭이 울 때까지
술 익는 세상 얘기

저 멀리
숭어 뛰는 소리에
봄밤은 깊어 간다.

로드킬

흰서리 내려앉은
세한의 빈들녘

굶주린 까마귀 떼
먹이감 노려보고

마지막
날 숨 내뱉고
길 떠나는 고라니

서생원

서리 내린 빈 농가에
낟알 줍는 서생원

몇 알갱이 봇짐 넣고
남은 몇 알 허기 채워

가볍게
돌아가는 길
집으로 가는 길

고양이

동백꽃 모가지
툭 떨어져 나뒹구는
십이월 초 하루
겨울비 울음 속에

나비가
먼 길 떠났다
자식일곱 남겨두고
애잔한 맘 어찌할꼬.

거짓말

그때는 진실했고
지금은 아닌 말

지천명을 살았는데
아직도 모르겠다

허허허
쓴웃음 짓고
하늘보며 훌훌턴다.

하루

한 치의 오차 없이
자정이면 배달되는
하루라는 신의 선물
촌음을 아껴 써도

금고 속
시간 잔고는
일각도 남질 않네.

복수초

설빙 뚫고 얼음새꽃
연꽃 닮은 설연화
설에 보는 원일화

한 해 기원 황금 술잔
님 곁에
각각의 이름으로
福과 장수 보냅니다.

*복수초(복과 장수 상징) 의 또다른 이름

월하노인

달빛 아래 앉아있는
저 노인 누구신가
붉은 실로 발을 묶어
부부연을 맺어주는
전설 속
한쪽 눈이 먼
월하노인 아니신가.

운명을 바꾸려고
검객을 사주 하나
세월 흘러 맞이한
신부 이마 깊게 패인
칼자욱
꽉 묶인 홍실은
결단코 풀 수 없네.

한라 수선화

열두 폭 초록 치마
연못가에 펼치옵고
새하얀 꽃잎 위에
노랑나비 두어 마리
남녘의
한라 수선화
고고한 향기 뿜네.

산 그림자 늘어진
고요한 봄날 오후
새끼 오리 자맥질에
물장군 놀라 숨고
노을 속
한라 수선화
자태마저 쓸쓸하다.

상사바위 전설

옥녀봉 주맥따라
양지암 끝자락
우뚝솟은 상사바위

일편단심 순애보
뱀으로
환생하여서
아씨 몸에 감겼네.

넘지못할 신분의 벽
삼돌이와 국화 아씨
꿈속에서 다시 만나
고운 사랑 키워 가네

현생에
못다한 사랑
절벽 아래 던진 낙화.

갯버들

북병산 복골농원
버드나무 물 오르고

가지 끝 맺힌 방울
이슬인가 싹눈인가

물 안개
피어 오르니
봄이 멀지 않았는가.

고양이 우는 사연

고양이 우는 사연
궁금이야 하랴마는
목숨걸고 훔친 낭태
하필이면 계륵이요

어쩌나
대가리 물고
석 달 열흘 운 사연을.

*낭태: 대가리가 크고 머리에 살이 없음.

밤의 소리

새벽을 찢어놓는
고라니 울음소리

단잠을 포기하고
밖의 소리 귀를 여니

쉼 없이
도란거리는
대자연의 운행 소리.

초록 향연

경쾌한 봄비 소리
흙냄새 실려오니

수줍은 풀잎 아씨
버선발 뻗어 내려

토룽을
유혹하는 봄
태동하는 초록 향연.

밤의 소리

별들이 둥근 원을 그리는
대자연의 운행 시간
앞산 골짜기 고라니 우는 밤

귀뚜라미 여치 찌르레기
서로 다른 이름으로
같은 어둠을 노래한다

바람에 스친 풀은
나른한 몸을 누이고
그 작은 숨결마저
밤의 침묵 속에 젖어드네

한 줄기 바람이 지나간 자리
소류지 물결도 침묵하는 시간
소리 없는 소리들로
밤은 깊어만 가네.

봄비

깊이 들은 잠에
님 오신 줄 모르고

꿈속인가 생시인가
청아한 구슬 소리

눈뜨니
님 다녀가신
발자국만 가득하네.

아버지 산소

잡초를 뽑다 말고
산소를 생각는다

땅심 좋은 양지받이
잡초가 지천인데

노니는
산짐승들이
파헤칠까 두려웁다

진달래 개나리가
병풍처럼 둘러싸고

박새랑 소쩍새도
간간히 넘나들어

인적이
드물긴 해도
적적하진 않으시리

송화가 드날리는
무덤가 한 켠에다
비염에 좋다하는
목련을 심고 싶네

아버지
편한 숨소리
꿈속에서 듣는다.

실전리 치자꽃밭

유성이 스쳐가는
실전리 치자 꽃밭

밤하늘 언저리에
반달이 내걸리면

달콤한
치자 꽃향기
온 동리에 흩어지네.

밤안개가 둑방길에
풍경화로 피어나면

졸음 겨운 반딧불이
청사초롱 불 밝히고

수줍은
치자 꽃 아씨
달빛 품고 잠드는 밤.

바람은 사각사각
풀잎을 쓰다듬고

재 너머 달을 짖는
들개 소리 멀어지면

실전리
치자 꽃밭에
봄밤이 익어간다.

한라수선화

산 그림자 길게 늘인
나른한 봄날 오후

새끼 오리 자맥질에
물장군* 놀라 숨고

남녘땅
한라 수선화
앞다투어 꽃피운다.

꽃대궁 길게 올려
피워 낸 하얀 꽃잎

노랑나비 한 마리가
복판에 숨어들어

향기에
취한지 오래
깨어날 줄 모른다.

*물장군: 노린재목 물장군과의 곤충

검은고양이 네로

또르륵 또르륵
움직이는 황금 눈알

커튼 뒤 그림자가
살곰 살곰 지나간다

매끈한
유선형 몸매
잡았다! 요놈 괭이.

무심한 척 딴청 피다
순식간에 몸을 날려

노랑나비 입에 물고
의기양양 걸어오는

거만한
작은 사냥꾼
검은 괭이 네로 네로.

자목련화

붓끝에서 피어난 고혹적인 자목련꽃
은은한 묵 향기에 창 넘어 들어온 벌
그림 위
길을 잃고서
꽃을 찾아 붕붕 난다.

마당 한 켠 목련꽃이 일제히 망울 터져
하얀 속살 드러내니 붉은 향기 취한 꿀벌
몽롱한
눈빛이 되어
날개짓도 잊었다.

화선지 펼쳐놓고 붓끝에서 피워내는
다양한 자목련꽃 가지 끝에 올려놓자
오호라
날아온 꿀벌
꽃잎 위에 앉았다.

어둑시니

골바람 맞으면서 집으로 가는 길에
뒤따르는 이 없어도 언제나 종종걸음
밤마다
지나다녔던
여고 시절 하굣길.

희미한 가로등은 바람에 일렁이고
골목길 한구석에 놓여 있던 검은 물체
그 속에
어둑시니가
숨어 있진 않았을까.

사람의 두려움을 먹고 크는 어둑시니
뛰어가는 제 발소리 제가 놀라 울었었던
그 소녀
친정 가는 길에
피식하며 웃는다.

여우구슬

재 너머 여우 터에
보름달 둥실 뜨면

은빛 꼬리 펼쳐들고
재주넘는 미호 공주

백 개의
구슬을 모아
天女 되려 하였네.

산 아래 선비에게
몸과 맘 기울어져

안 보는 듯 훔쳐보며
외로움 달랬지만

달맞이
슬픔 같은 연모
구슬 되어 맺혔네.

약밥

햇볕에 말려놓은 호랑이콩 한 움큼과
벌초길에 주워왔던 토실한 알밤들을
찹쌀과 골고루 섞어 시루에다 쪄낸다.

김 오른 면포 속에 동글동글 밥알들이
농소 갯가 몽돌처럼 까맣게 익어 가면
계피향 알싸한 추억 약밥으로 납신다.

노란 알밤 박혀있는 달달한 약밥이라
어른들 모여계신 경로당에 공양하니
둥두렷 솟는 보름달 다가서는 한가위.

단양주

백번 씻어 술을 빚어 한 이레 기다린다
닷세째 숨을 막고 이레째에 술을 뜨면
달달한
단양주 향기
절로 눈이 감기네.

추수 끝난 텅 빈 들녘 잠자리 한가롭고
지나던 이웃사람 하나 둘 모여들면
인정을
버무린 호박전
동그랗게 익는다.

어두운 시골마을 별빛만 초롱초롱
늦도록 하하호호 웃음소리 넘치더니
모두가
떠난 자리에
홀로 우는 저 귀뚜리.

결의

산폐장* 만든다는 흉흉한 소문 속에
완장 두른 몇몇이서 마을사람 회유하여
고요한 긴장감 넘쳐 전운마저 감돈다.

금물결 출렁이던 큰개*에는 도장공장
마을 품은 앞산에는 채석장이 들어섰고
망가진 그 산 아래에 폐기물을 묻자 하네.

임시 동회 열리던 날 고향 찾은 명길이는
'나에 살던 고향은 꽃피는 산골'인데
더 이상 망치지 말라 들썩이며 울었다.

힘 드는 싸움길에 소임 다 하다 보면
반드시 올 좋은 날 그 날을 기약하며
오늘도 길을 나선다 반대서명 받으러.

*산폐장 : 산업폐기물 매립장
*큰개 : 바닷물이 드나드는 곳의 큰 물가

조개 캐는 날

아홉 물 때 맞추어 얼굴 내민 갯벌에
동네 아낙 하나 둘 큰개로 모여 든다
한동네
살고 있어도
얼굴 보기 힘든데.

모자에 마스크 다 가리고 만나도
단박에 알아보는 정겨운 이웃들
오늘은
차례상에 올릴 조개 캐는 날이다.

따가운 오후 볕에 모두가 지쳐갈 쯤
목청 좋은 아낙네의 구성진 노래 소리
힘내어
따라 부르는
아낙들의 노동요.

굴까로 가세~ 굴까로 가세~
임도 보고 굴도 까고
굴까로 가세~ 굴까로 가세~

실전리
아낙네들의
노랫소리 흥겹네.

배꽃 지는 밤

고요한 달빛 아래 만개한 하얀 배꽃
행여나 상할까봐 바람도 숨어 울재
겁 없이
날아와 앉은
무당벌레 한 마리.

새하얀 꽃잎 위에 샛빨간 무당벌레
무심한 만월이사 진작에 초연한데
만물이
숨죽이는 밤
떨어지는
배
꽃
잎.

유년

철없던 어린 시절 사고푼게 하 많아서
또르륵 눈알 굴려 때그륵 머리 굴려
어무이 전과 사구로 3천원만 주이소.

팔남매 등굣길은 매일 아침 전쟁터다
요 가시내 전과 값을 몇 번이나 받아가노
잔머리 돌돌 굴리다 어떤 날은 등짝에 불.

열한 개 도시락에 손이 열 개 내 어무이
알고도 속아 주신 깊으디 깊은 사랑
지명을 넘긴 딸자식 저려오는 이 가슴.

가을 女心

녹색에 붉은색을
덧칠하나 싶더니만

산야가 단풍되어
바다마저 색이 변해

기어이 옮겨 붙으니
어이하나 이 가을.

산다는 것은

서글픈 마음들이
한 방울 잉크라면

저 넓고 푸른 바다에
방울째 떨구어서

아무런 흔적도 없이
사라지면 좋겠네.

찌르는 속 쓰림이
차라리 병이라면

오히려 마음만은
개운할 수 있으련만

버거운 세상사 모두
저녁놀에 묻고 싶네.

고목과 아버지

아버지가 그리운 날 고목을 찾습니다
가진 것 죄다버린 도인같은 모습입니다
듬직한 등걸에 기대어 많은 얘기 듣습니다.

나이테에 숨겨놓은 얘기를 듣습니다
무성했던 이파리들 얘기가 아닙니다
풍상을 견디고 견딘 울아버지 얘깁니다.

의연한 그 모습은 한 폭의 그림입니다
자잘한 얘기들은 가지 끝에 내답니다
아버지 보고플 때면 또 고목을 찾을 겁니다.

지심도의 봄

겨울의 끝자락에
폐질환 앓는 봄이

진초록 동백잎에
각혈을 하고있네

지심도
진저리치자
놀래 나는 동박새.

단풍이 들고 싶은
동백의 원은 깊어

머금은 선지피를
섬 안 가득 뱉어 놓고

천남성
새순 돋아라
치근대고 있는 봄.

비파주

비파로 술을 빚어
행여 뉘가 넘볼세라

몇 해를 고이고이
묵혀낸 황금빛깔

곱기도
그지 없구나
님 불러 즐기리라.

칠성은 흩어지고
샛별이 나오도록

비파향에 취하고선
밤새운 정담인데

새벽달
사라질 때쯤
님의 품에 잠드리라.

가을은

제 세상 만난 단풍
갈수록 붉어지고

티 없이 높은 하늘
곡예 하는 잠자리들

가을은
풍요의 계절
가지 끝이 야물다.

凋落의 시작이라
귀뚜리 구슬프고

스치는 바람에도
심장이 베인 듯이

가을은
애상의 계절
은하수 빛 푸르다.

칠천도의 봄

꽃비가 날리는 날
봄볕의 꼬드김에

나들이 나선 아낙
가슴은 설레이고

물오른
수틀뱅이섬*
펄떡이는 봄숭어.

모섬과 부속섬이
봄꿈에 흠뻑 젖어

素山*의 시비 앞에
발길이 멎었는데

은빛의
칠천량 바다
떼로 나는 갈매기.

*칠천도: 거제도에 딸린 섬
*수틀뱅이섬: 거제시 칠천도 송포마을에 있는 수야방도를 옛날에
 숫돌이 많이 나와 수틀뱅이섬이라 불렀다.
*素山: 칠천도 출신의 고 홍준오(洪俊五.1927. 3. 3 ~ 1993. 6. 7)
 시인의 아호.

겨울에는

겨울에는 떠나지
않았으면 좋겠어요

바람이 두드리고
지나가는 소리에도

혹여나
그대 왔는지
문을 열고 봅니다.

뜨거운 난로 앞에
언 몸을 녹여 봐도

한마디 말도 못 할
차가운 마음인데

그리움
새 봄날까지
품을 수 있을까요.

허원영 시집

인디언 썸머

초판1쇄 발행 2025년 10월 1일

지은이 허원영
펴낸이 이길안
펴낸곳 세종출판사

주소 부산광역시 중구 흑교로 71번길 12 (보수동2가)
전화 463 – 5898, 253 – 2213~5
팩스 248 – 4880
전자우편 sjpl5898@daum.net
출판등록 제02-01-96

ISBN 979-11-5979-813-9 03810

정가 12,000원

본 사업은 2025년 거제시문화예술지원사업「아트포유」선정작으로, 거제시의 지원을 받아 진행되었습니다.

이 책은 저작권법에 따라 보호받는 저작물이므로 무단전재와
무단복제를 금지하며, 이 책 내용의 전부 또는 일부 내용을 재사용하려면
사전에 저작권자와 세종출판사의 동의를 받아야 합니다.
* 잘못된 책은 교환해 드립니다.